MEINE MUTTER, MEIN MUT, MEINE FREIHEIT

VON GERD STEINKOENIG

8. Juli um 22:37·

ENTWICKLUNGEN, FORTSCHRITTE, BÜCHER!!

Ich denke über meine Bücher von 2017 bis 2023. Durch ein Buch von mir aus dem Jahr 2020 (mit meinem Pseudonym Beatrice Farber) hatte ich mein Momentum von 2020 (wie ich allgemein drauf war und durch meine Kreativität mit der Inspiration von "Doctor Who"), und meine Paralelle von 2020 und meine letzten Bücher von 2023: ich hab die gleichen Gründe über mein Befinden (z.B zu viel denken). Stillstand? Keine Fortschritte? Im ersten Moment ja! Andererseits doch Fortschritte, Entwicklungen: ich hab mehr Power morgens 2023, als 2020. 2020 konnte ich nicht im Zug fahren (wegen der damaligen Angst durch Epilepsie), 2023 fahre ich jede Woche im Zug! Nur ein paar Beispiele. Einerseits hab ich andere Möglichkeiten: da ist es besser 2023 als 2020, aber immer noch "neue Variationen mit meinem dunklen Hirntunnel". Ich hab immer Pläne, Ziele, Mantras! Heute geht es mir gut! Aber ich weiß nicht, was in 2 Tagen ist oder 9 Tagen oder in 2 Jahren... Ich hab meinen Kampf, Mut, Wille, Disziplin mit autonomen Gehirn, mit erwachsener Vernunft! Ich hab meine positive Energie mit positiven Lösungen, Antworten! Ich will keine Bücher schreiben, mit Facebook oder irgendein Blog. Aber durch die Chronologie sollte ich weiter schreiben. Auf jeden Fall seltener (mittlerweile kostet es zu viel) und auch für mich selbst. Durch das Momentum hatte ich nicht nur Musik, Philosophie, Kreativitäten, Horizonte, sondern eine Art Tagebuch - wie ich 2017 drauf war (vor dem Schlaganfall mit Enthusiasmus und ein bisschen Arroganz), oder "Danach" (2019) mein erstes ISBN-Buch nach dem Schlaganfall mit z.B. Zettelchen aus meiner Alzey-Klinik-Zeit 2017 oder meine 30 Lebens-Alben (von Alzey-Klinik-Zeit!! Als ich noch "naturstoned" war). Ich hab von Jahr zu Jahr andere Schriften, Prioritäten, Momentums. Über meinen Eltern, BetreuerXinnen, mein Befinden, meine Gefühle, mein Leben. Wie mein Gehirn gerade dachte... Von Später ohne Buch bis Die Story von populärer Musik bis Art Brut von über 40 ISBN-Büchern (ich müsste zählen, irgendwie 45 oder 46...). Ich schreibe (wenn überhaupt noch) nur für mich (ich freue mich für meine Marge, ist doch klar), aber im Endeffekt interessiert das kaum einer, leider (aus Oberflächlichkeit oder Uninteresse oder "keine Zeit"...). Für mich schon... Für meine Kunst, Inspiration, Kreativität!

C P 08.07.2023 Gerd Steinkoenig Gerd F Steinkoenig Gerd Gerd

© 2023, Gerd Steinkoenig
Herstellung und Verlag: BoD – Books on Demand, Norderstedt
ISBN: 9783757854249

KAPITEL 4

Endlose Wiedergeburt des Universums (Dr. Who)

Gott ist männlich und weiblich in einem - für mich total logisch (Gerd Steinkoenig)

Gütige Seelen sind die positive Konsequenz (Beatrice Farber)

Gerd - 2019 hatte ich ein paar Notizen - sozusagen Momentums. Darf ich das dir zeigen? Bisschen gekritzelt und ein "Gemälde", hahaha... Ich bin eine Pfeife in Richtung malen... Aber es war ein Gefühl, einfach malerisch gekritzelt...
Bea - Hauptsache, du MACHST es. Das ist gut für die Seele oder aus dem Herzen heraus.

3 Fotos aus meinem ISBN-Buch von 2020: "Die Zeitläuferin von Gerd Steinkoenig" von Beatrice Farber! Gute Dialoge, gute Weisheiten: "Endlose Wiedergeburt des Universums" von Doctor Who...

12. Juli um 12:43

Die TV-Serie Daktari (USA 1966 - 1969, in der BRD ab 1969)!! Das waren geile TV-Zeiten aus den Kindertagen: damals noch mit Flipper, Lassie, Fury, Bezaubernde Jeannie etc... Und natürlich Bugs Bunny (Original!!), Tom & Jerry (Original!!), Pink Panther, The Peanuts... Heute sind die Kinder versaut: oberflächlicher Serien-Schrott, Streaming-Schrott, Screaming-Musik-Schrott, You Tuber-Schrott... Und statt draußen zu spielen, nur noch Smartphone, Internet, Computer-Games... Wie die Kinder wohl in 20 Jahren Politiker sind... Oje...

Eine kleine Auswahl aus meinen ISBN-Büchern vom Verlag Books on Demand (BoD) 2017 - 2023! Mit dabei: meine letzten 2 Büchern: "Romänchen" und " Kirschblüten"! Desweiteren Klassiker von Gerd Steinkoenig wie Blood On The Rooftops, Danach, Die Story von populärer Musik... (14.07.2023) #zeitensammler #instagram #facebook

MUTTER

Meine Mutter hatte einen schweren Schlaganfall und weiteres! Es ist sehr ernst... Aber ich bin gefasst: schon seit über 1 Jahr hatte man schon gewusst, durch ihren Zustand! Kann sein morgen, in 5 Tagen. - aber Mutter ist sehr zäh, vielleicht doch noch...

Gerd Steinkoenig

15. Juli um 15:17

Mit Deine Freunde geteilt

Es ist sehr ernst... Mutter hatte schweren Schlaganfall und weiteres... Collage aus meinen letzten Fototagen (vor ihrer Intensivstation von meiner Mutter)!

15. Juli 2023

16. Juli um 21:26

Aufgeräumt mit meinen Büchern, geordnet mit 3 Abteilungen! Tja, das wars, ich durfte
Autor sein! Jetzt wieder NEUE Erkenntnisse, Erfahrungen, Entwicklungen, Fortschritte ☺ 3
Fotos, 1 Video (16.07.2023)

17. Juli um 12:14 ·

80. Geburtstag vor 5 Jahren von Mutter!

.

17. Juli um 19:38

.

19. Juli um 15:53

Meine Mutter lebt weiterhin (nach schwerem Schlaganfall, Intensivstation etc)! Sie wird demnächst irgendwann in eine neurologische Klinik in Deutschland gebracht. Der Flug ist natürlich arztbegleitet. Fortsetzung folgt...

20. Juli um 14:24

Fortsetzung weiter! Es ist konkret: Meine Mutter kommt Anfang der nächsten Woche nach Deutschland in eine neurologische Klinik. Die Klinik ist sogar in der Nähe von mir. Ich diskutiere per WhatsApp und Telefon über welche Klinik. Ich weiß ja Bescheid - die 3 konkreten Kliniken kenne ich ja alle... Das Lebensbuch hat immer Kapiteln, Hinweise, Wege: wo noch gar nichts war, hatte ich endgültig meine Autoren-Karriere beendet (total logisch) und dann erst Mutter's Schicksal und ich hab ein neues Lebensbuchkapitel... Es ist irgendwie crazy, ausgerechnet kommt Mutter in einem dieser Kliniken, wo ich 2017 selber war: auch mit Schlaganfall... Übrigens: ich war 2016/2017 Seniorenbetreuer...

22. Juli um 19:41·

Fortsetzung weiter: Meine Mutter wird am nächsten Donnerstag aus Ihrer Heimat Fuerteventura ("zu 90 %") in die neurologische Rheinhessen-Klinik Alzey! Ich nehme an nach 6 oder 8 oder 10 Wochen in die Nach-Reha in die Edith Stein-Klinik Bad Bergzabern! Das (mein) Leben ist verrückt: Mutter geht dahin, wo ich 2017 war- die gleiche Klinik Alzey, die gleiche Klinik Bad Bergzabern... Ich hatte eigentlich einen leichten Schlaganfall - hatte aber 3 Tage nach meinem Anfall rumgelegen und dadurch doch noch Gehirnblutung, dadurch rumgebrabbelt, ewig gepisst, Fleischklumpen in der rechten Hand etc. Und heute noch Nachwehen. Dadurch gut 6 Wochen Alzey, knapp 2 Wochen Bad Bergzabern (ganz am Anfang 1 Woche Landau). Jetzt ab Donnerstag meine Mutter: sie hat ganz real schweren Schlaganfall von Anfang an, sie kann kaum reden (ich hab ja nur Infos mit der Pflegerin per WhatsApp und Telefonaten). Ich weiß nicht richtig, wie sie drauf ist, weil wir noch nicht chatteten oder telefonierten (heute oder morgen hat sie wieder ihr Handy). Später auf jeden Fall. Ich meine nur, wie sie drauf ist, denn Mutter hat nicht nur Schlaganfall, sondern 90% Blindheit bei einem Auge und schlechte Beinen (Haut, Rollador). Und ich weiß ja Bescheid - ich war ja in Alzey... Als Beispiel: in "meiner" Etage waren ca 10 Leute - mit 10 verschiedenen Diagnosen... Zum Beispiel war eine ca 65 Jahre alte Frau seit 6 Monaten!! Sie hatte einfach keine Entwicklungen und es ging einfach nicht, das sie woanders oder zu Hause ist. Mutter ist echt sehr zäh, sie ist schließlich 85!! Aber trotzdem... Ob nur 4 Wochen Alzey oder 6 oder 10 oder 15, keine Ahnung... Im Endeffekt hab ich ein Deja Vu bei Besuchen mit Mutter in Alzey und Bergzabern. Eine Lebensprüfung von mir und auch von meiner Mutter - und Gott beobachtet... PS: Mutters nächste Lebensdimension kann leider auch sein, aber sie ist seit 85 Jahren zäh!

23. Juli um 18:06

Fortsetzung weiter: hab heute morgen mit Mutter endlich angerufen (nach "Hände und Füßen"-Gefasel mit dem spanischen Hospital). Sie ist total in der Schlaganfall-Anfangsphase: kaum richtig gesprochen, unsicher, kein Gefühl, keine Freude, apathisch etc. Sie braucht viel Geduld und sie braucht unbedingt positive Energie (das A und O bei Schlaganfall). Ca Donnerstag ist sie wieder in Deutschland in Alzey.

.

Legendary 1980-Genesis-Concerts! Mit "Squonk" aus "A Trick Of The Tail" (1976)! Das hatte ich gehört in meinem coolen Kellerzimmer in meinem Schwedelbach-Elternhaus. Seit Tagen hatte ich öfter dran erinnert, was alles war. Das hat nichts mit seliger Vergangenheit zu tun, sondern einfach von meinem Geist aus. Wegen Vater (R.I.P. 2017, er ist auch wieder da), wegen Mutter (Ungewissheit mit ihr- sie ist zäh, sie überlebt mich, aber es kann ruckzuck gehen- sie ist 85), wegen mir mit Vergangenheit und Gegenwart für meine Zukunft (mein Momentum für meine "egoistische" Gesundheit). Seit 2017 war sehr viel: 17.02.2017 die nächste Lebensdimension von Vater, mein Schlaganfall 1 Tag nach der BTW September 2017, meine ersten ISBN-Bücher 2017 geschrieben, meinen Seniorenbetreuerjob ergattert 2017 - durch Intrigen 2017 beim Job weg, mein neues Leben mit neuen Wegen gelöst mit positiver Energie mit Reinheit 2017/2018, 2018/2019 Rebell und Freiheit wegen Betreuern/Anwältin, meine legendäre Logo (verkappte Psychologin), dann war mein Leibarzt in seine neue Lebensdimension 2020, später ging der Sohn der neuen Ärztin auch etc etc etc... Ich hab immer neue Entwicklungen, Erkenntnisse, Fortschritte für meinen Geist (Synapsen, Gehirn mit Kreativitäten, Spiele, Hobbies), für meinen Körper (ok, da muss ich mehr dran arbeiten, und ich arbeite natürlich, aber nobody is perfekt...). Und es sind viele Veränderungen in Annweiler am Trifels und Landau in der Pfalz. Ich hatte immer Fotos und hab natürlich Annweiler-Fotos von 2015 (meine ersten Monaten von hier) - es ist ganz anders als 2023... Und mein Verhältnis mit meiner Mutter: das hatte sich auch verändert, als wir zusammen allein waren. Da waren 2017 bis ca 2019 Vorurteile über mich über meine Person, was teilweise nicht stimmte, und es war eben einfach so. Stück für Stück hatte ich es bei wichtigen Dinge erzählt und sie staunte (z.B. Referat Kultur in der Stadtverwaltung KL, das ich noch alle Kreativfotokalender von ihr hatte etc)... Bei den Eltern war ich immer Rebell - zu 98 % wegen Vater... Aber ich war in meinem Leben emphatisch und ab 2017/2018 wurde ich erwachsener, philosophischer, positiver mit MEINEM freien Weg in meine Zukunft. Seit Dezember 2021 (ab dann Wohnsitz in Fuerteventura von ihr) hatten wir uns unterhalten, telefoniert, geholfen. Und ich hoffe, das ein positives Feedback ist zwischen Mutter und mir mit ihrer Diagnose und ihrem Geistgefühl - vielleicht kann sie sich auch ändern wie ich 2017/2018...

C P 23. Juli 2023 Gerd Steinkoenig

24. Juli um 14:35 ·

Mit Deine Freunde geteilt

MUSIK OLD SCHOOL #magicmirror1959 #magicmirror1959art #magicmirror1959musik
(meine 3 Instagram Accounts), #facebook #twitter

Gerd Steinkoenig

22. Juli um 14:51 ·

Mit Deine Freunde geteilt

Juli 2023 - CollagenMix: oben 3 x Landau in der Pfalz / unten 3 x Annweiler am Trifels

DER PATIENT LEBT? WIE IST DAS MÖGLICH?
www.ruthe.de

27. Juli um 19:14 ·

Mit Deine Freunde geteilt

#zeitensammler #lebensbuchwerke #magicmirror #TARDIS #instagram #facebook

29. Juli um 17:16 ·

Mit Deine Freunde geteilt

Mein Leben - Collage (29.07.2023)!

(30.07.2023)

FORTSETZUNG WEITER MIT MUTTER: Wie man so drauf war vor 11 Jahren... KL 2012... Kurz danach OK-KL-Job oder doch schon (mit meinen 5 TV-Musikshows), Sommer 2015 Umzug nach Annweiler, 2016/2017 Seniorenbetreuer (von Pflegeschule bis richtiger Arbeitsvertrag und gleich wieder weg durch Intrige), 17.02.2017 die nächste Lebensdimension von Vater, 1 Tag nach der BTW 2017 Schlaganfall, 2018/2019 Mrs P & das W (jetzt hab ichs schon länger geschafft), 2020 nächste Lebensdimension von meinem Leibarzt, 4.2.2021 nächste Lebensdimension von meinem Katzemäädsche Molly (16 Jahre! Wir waren ein Team!), neue Entwicklungen/Fortschritte/Gemeinschaften vom "Institut" seit 2022, und natürlich meine BetreuerXinnen (z.Z. S.R. & R.K.), seit Dezember 2021 lebt meine Mutter in Fuerteventura (wegen kleinem Schlaganfall etc), vor Tagen 2023 großer Schlaganfall von Mutter (seit Donnerstag ist sie in der Fachklinik Alzey). Tja, was so alles war... Und das war nicht alles, nur Stichpunkte... Ich hoffe, Mutter geht es bald wieder gut, momentan ist sie nicht gut drauf. Was ich verstehen kann - 2017 war ich selbst in Alzey (Arzt damals: "Sie sind ein Glückskind!"). Ich hoffe, ein neuer Arzt sagt zu meiner Mutter: Sie sind ein Glückskind... Damals hatte ich Gott sei Dank ein relativ kleinerer Schlaganfall - hatte aber doch noch Gehirnblutung, weil ich 3 Tage rumlag, bevor der Notruf kam. Daher heute noch kleine Nachwehen. Aber bei meiner Mutter ist es anders: sie ist 85 - ich war damals Ende 57! Sie hat weitere Sachen mit ihrem Körper! Ich hatte und habe und werde positive Energie! Mit Mutter leider nicht... Mit meinem Betreuer hab ich am Freitag schon geredet, natürlich fährt er mit mir nach Alzey zum Besuch. Dauert noch, auch wegen ihrer Situation, aber dann natürlich. Das Leben ist nur ein Roman: so ungefähr hat Martin Walser (gerade eben R.I.P.) das gesagt - und er hatte recht. Wer hätte vor 30 oder 20 oder 10 Jahren gedacht, und es war immer wieder ganz anders... Aber - wie ICH - durch positive Energie hat man immer positives Retour... Das MUSS Mutter machen...

📷📷Vor 11 JahrenDeine Erinnerungen anzeigen

Aktiv

BREAKFAST IN FIRE & WATER

WLAN komplett mit Festnetz, TV, Internet heute

In den 1970ern Telefonwählscheibe & TV-Antenne auf dem Dach

In den 1970ern nur ARD, ZDF und ein 3. Programm

Heute sind Hunderte TV-Sender, plus Abo-Streaming

Wer hätte das gedacht in den 70ern, 80ern, 90ern vom Jungsein

Nuni ist Mick Jaager 80 und ich bin 63, Iris Berben ist über 70

"Trau keinem über 30" hieß es in den 1960ern

Im Rentner-Kunstglück musizieren die Rolling Stones

The Who, Bruce Springsteen, Neil Young, Kate Bush...

Und die alten Schauspieler von Robert de Niro bis Jodie Foster...

Am 9.11.2017 hatte ich meinen 58. Geburtstag in meiner

Schlaganfall-Klinik Alzey mit meiner Queen S.K.

Unsere göttliche Fügung SHE und ich an meinem Birthday

Am next day fuhr ich In die nächste Klinik - und wir verloren uns

Im November 2017 dachte ich in meiner "Morgensitzung":

Ich will leben, in Demut will ich 20 Jahre leben

In dieser Situation des Schicksal dachte ich: 78! Super!

OK! Mittlerweile denke ich aus "Tradition" 78, 82 oder 91...

Ich hab mein neues Lebensbuchkapitel seit 2017

Mit immer wieder neuen Überraschungen, Herausforderungen

Vielleicht sind neue Wege nicht nur von mir, sondern Gott

Wenn ich an meine Mutter denke, wie ich da agieren kann

Jedes Lebensjahrzehnt ist anders, die 1970er waren neues Leben

In den 1980ern war Überholspur, da war alles voller Neugierde

In den 1990ern war der falsche Weg, ich bereue es heute noch

Im 21. Jahrhundert war ich in Suche - erst 2017 bin ich erwachsen...

Das Leben ist ein Roman (meinte Martin Walser), er hat recht

Ich wollte vieles erreichen und es ging nicht mit Zeit, Taten aufeinmal

Von Gerolstein bis Mannheim bis Referat Kultur KL hatte ich gute Wege

Und es ging nicht, weil der Raum/Zeit-Weg nicht war...

Breakfast in Fire & Water mit meinem positiven Leben

Ich durfte und darf es leben mit Plänen und Zielen

Mit Reinheit, Gelassenheit, Gesundheit, Sicherheit, Geduld, Disziplin

Mut, Wille, Kampf, Selbstvertrauen, Vernunft, Kreativität, Liebe

C P Gerd Steinkoenig Gerd F Steinkoenig Gerd Gerd 30.07.2023

MUSK ZUM LESEN mit Büchern: ich hab über 50(!) Musikbücher mit allen Varianten! Von
History, Wissenschaft, Trivialcharts! 2 Fotos, 1 Video! (31.07.2023)

ENDLICH GUTE NACHRICHTEN (wie immer Fortsetzung weiter wegen Mutter): nach
gefühlten 10000 heutigen Telefonaten, hab ich mit meiner Mutter endlich gesprochen! Sie

konnte sprechen und war wach im Kopf! Natürlich relativ: durch die Aphasie dann doch gedottelt oder durch ihre müden Synapsen! Aber ich hab nach den letzten Tagen endlich Beruhigung!

31. Juli um 15:09 ·

Mit Deine Freunde geteilt

Sammlungs-Collage 31.07.2023: Auswahl von CDs bis Vinyl bis MyBooks bis Hefte bis...

Die ultimative SammlungsAuswahlCollage!! ALLE technischen Sachen sind dabei: Vinyl, CDs, MCs, DVDs, Videos, MyBooks, Hefte, Bücher!! 2 Fotos, 1 kurzes Video (31.07.2023)

Die ultimative SammlungsAuswahlCollage mit ALLEN Techniken: CDs, Vinyl, MCs, DVDs, Videos, MyBooks, Hefte, Bücher!! Mit klitzekleine Auswahl von Genesis-Vinyl-LP bis Jimi Hendrix-CD, von The Warriors-DVD bis Stephen King-Buch, von Kirschblüten-MyBook bis Apokalypse Now-Video bis Sweet-MC bis PM History-Heft bis Shania Twain-DVD bis Beatles-Vinyl-Single etc etc etc... (31.07.2023)

Gerd Steinkoenig fühlt sich selbstbewusst.

1 Tage

.

ZUKUNFT MEINE ZUKUNFT!!

Mein Traum heißt Unabhängigkeit, Freiheit, Zukunft

Aber ich bin seit Ende 2017 verhaftet

Es waren neue Wege, Kurven, Fortschritte, Erkenntnisse

"Das W" und "Mrs P" sind längst vorbei

Aber ich hab immer wieder neue "Tollshocks"-Szenen

Diesmal das "Massa" (I Need By FB ever Pseudonyme)

Heute: gefühllos + Gefühl = ????

"Massa" mit Spielbefehl, schließlich bin ich ja blöd

Dabei hatte ich mit meinem Brainstorming wegen Mutter:

Ich bin der Boss, ich bin der "neue Seniorenbetreuer"...

Gleichzeitig mein Schwarm war da: SHEEE!!

Nach Feierabend zusammen im Cafe mit Gesprächen

Heute: gefühllos + Gefühl = ????

Mein Traum heißt Unabhängigkeit, Freiheit, Zukunft

Ich will meine egoistische Gesundheit

Aber in diesem "Institut" ist das egal

Bei mir war es eng mit meiner Gesundheit (geschafft!)

Aber ich bin stark mit Plänen und Zielen (immer!)

Positiv mit den Kumpels - auch heute

Positiv mit Hilfsbereitschaft - auch heute

Da sind keine Unterschiede mit "Massa" und Co

Über den Kamm, aber ICH hab meine INDIVIDUALITÄT

Ich möchte endlich meine Pläne erzielen

Job, Frau, Gemeinschaft, neue Hobbies, neue Aufgaben

Ich hab mal wieder geschrieben, dadurch meine Eigenpsychologie

Egal ob Mutter, "Massa", Hobbies, Job, FRAU - ich bin der Boss!!

Zukunft MEINE Zukunft

Mein starker, klarer, freier, reiner Geist

C P Gerd Steinkoenig Gerd F Steinkoenig Gerd Gerd

01. August 2023

Foto: Collage aus dem " Rolling Stone" Nr 346 August 2023

ZEITGEISTER (EINE NEUE 1980er VERSION) Legendary Miami Vice (siehe YoutubeVideo)!! In den 1980ern war es ganz normal mit Miami Vice mit Coolness, 80er Klamotten, coole Autos, Musik, Lifestyle! Miami Vice war/ist für mich Lebensstation durch Zeitgeist, Erinnerungen, Momentums aus den 80ern mit meinen Lebensträumen, Lebensfreude. Mit Plänen, Neugierde, Fernweh, die nächsten Stationen mit Jobs/Frauen/Kumpels/Konzerten, Kontakte etcetc! Da war ich 1982 bis 1984/85 in Mannheim mit neuen Lebensschnuppern mit Beamtenjob in der JVA MA und das geilste Plattengeschäft in MA und die Altstadt bei Nacht in Heidelberg... 1986 hatte ich meine Globetrotter-Tour in Frankreich (Avignon, Lyon, Vaison La Romance, Perpignan...), Spanien (Llorrett de Mar als Headquarter mit "Chocolata-Kollegas, Saxofon mit Hut mit L.S., "Tschernobyl-Freak"...), Schweiz (Genf, Zürich...)... 1987 war wieder neues Lebensschnuppern mit meiner Verlobte mit neuen Dimensionen plus US-Army-Superjob und Open Air-Konzerten mit Genesis und Pink Floyd... Tja, die geilen

Überholspur-1980ern mit TV-Zeitgeistern mit Miami Vice, Dallas, Denver Clan - und die 80er Musik mit U 2, The Police, Dire Straits, Sade, Kate Bush, Neil Young, BAP, Depeche Mode, Eurythmics, Gazebo, Deep Purple und und und... Ach ja und meine vielen, vielen 80er Konzerten mit Neil Young, Jethro Tull, Marillion, Manfred Mann's Earthband, Stevie Wonder, Helen Schneider, Spliff, BAP, Blue Öyster Cult, U 2, Genesis, Pink Floyd und und... Es war sehr Schönes der 1980ern z.B. mit C.H. D.P. A.P. R.R. etcetc... Wer hätte das gedacht was später war und jetzt im Jahre 2023... Es ist wie immer, auf Dauer war irgendwann wieder keine Raum/Zeit-Gestaltung bei mir. Aber ich durfte es erleben und genießen (und auch ärgern - that's life). 80er Zeitgeist erleben mit geilen Autos von mir (z.B. mein Opel Manta - ultrageil!), die Jobzeiten mit Stuttgart/Frankfurt/Hamburg, meine Discos/Kneipen mit Smile KL, Sound KL, Dicke Engel MA... Mein Leben hat 9 Katzenleben mit 9 Lebensstationen! Ich bin 2023 ganz anders drauf als 1966, 1973, 1978, 1983, 1986, 1992, 2003, 2005, 2010, 2014, 2017... Mmh, so viele Jahre, vielleicht hab ich ja 20... Auf jeden Fall hab ich viele Lebensfacetten - EINS hab ich IMMER: meine FREIHEIT!! C P Gerd Steinkoenig Gerd F Steinkoenig Gerd Gerd 02. August 2023

Miami Vice: Andy Taylor - When The Rain Comes Down (full scene with setup)

YOUTUBE.COM

Miami Vice: Andy Taylor - When The Rain Comes Down (full scene with setup)

From Miami Vice Season 3, Episode 2: Stone's WarSong starts at 0:44This episode is special in that it features Sonny's new ride, a 1986 Ferrari Testarossa (m...

KLIMBIM IN SCHWEDELBACH 1975! Iljas Disco von 1975 (ZDF) - siehe YouTube-Video... Mit George Baker Selection (Paloma Blanca), Kenny, David Cassidy etc etc und natürlich Iljas "Gags" mit den Les Humphries Singers (!!)... Das waren Zeiten von meinem Elternhaus von Schwedelbach 1975... Es waren die ersten Jahren vom Eigenheim von meinen Eltern in Schwedelbach. In dieser Zeit hatte ich die Handelsschule Zipp, Bayern München war nur ein paar Mal Deutscher Meister, Munich 1972 ist auch erst 3 Jahre her... Es war die erste Zeit (seit 1974), als ich selbstständig in der Großstadt KL war, bei Wertheim EINE Vinyl-Single kaufte (für 6 DM) - und vorher immer hörte bei diversen Singles (man durfte es per Kopfhörer einfach Musik genießen vom Plattenverkäufer her - es war 1975!!). Sicherlich haben die Menschenneulinge von 2023 Vorteile, aber damals... Da war zwar Kalter Krieg und RAF, aber 1975 (und mehr, auch 1973 oder 1977) war Tanz auf dem Vulkan, Solidarität, Gemeinschaft, Iljas Disco, ZDF-Hitparade, Musikladen, Am laufenden Band, Dalli Dalli, Experimente, Idealismus, Lebensfreude, Ein Herz und eine Seele mit legendary Ekel Alfred, Klimbim mit legendary Ingrid Steeger, Loriot (Das Bild hängt schief), Otto-Shows... Die geilste Bonner Republik war in den 1970ern in der sozial-liberalen Koalition (Willy Brandt, Helmut Schmidt), das geilste Deutschland aller Zeiten (und natürlich auch in den 1980ern - aber dann kam der 9. November 1989...). Vater ist seit dem 17. Februar 2017 in seiner nächsten Lebensdimension und kloppt Skat mit Heinz Rühmann und Amy Winehouse. Mutter ist momentan in "meiner" Klinik von Alzey (da war ich ja 2017 dabei wegen Schlaganfall, Mutter ist sogar in der selben Abteilung) wegen ihrem schweren Schlaganfall. Da guck ich bei Youtube aufeinmal Disco 75 und bei mir ALLES da über meinen Eltern, meiner Teenie-Zeit etc... C P Gerd Steinkoenig Gerd F Steinkoenig Gerd Gerd 02. August 2023 / II

Disco 75 - Edition 55

YOUTUBE.COM

Disco 75 - Edition 55

Premiere: 05.07.1975"Disco" war eine Musiksendung, die von 1971 bis 1982 produziert und von Ilja Richter moderiert wurde. Die Präsentation erfolgte in jedem ...

Moments in Love (The Original von The Art of Noise, aber es gibt viele Remixe von TAON, aber DER Song!) Ist ein musikalischer Geschxxx, darf ich gar nicht schreiben, sonst bin ich gesperrt, wir sind schließlich 2023 und nicht 1975...

ART OF NOISE: MOMENTS IN LOVE (THE ORIGINAL)

YOUTUBE.COM

ART OF NOISE: MOMENTS IN LOVE (THE ORIGINAL)

=PLEASE SUBSCRIBE=http://www.youtube.com/user/papadoc73?sub_confirmation=1Stay curr

1970er Einsatz in Manhattan in der ARD! Kojak! Der Coolste! Kannste heute vergessen! Who Loves You, Baby (in der deutschen Übersetzung hieß es "Entzückend")... Damals New York City, Jahrzehnte vor 9/11... Und absolutly political uncorrectness - heute nur noch weichgespültes Gewäsch... Ich erinnere mich immer noch an den Schiffshupen aus Kojaks Serie... Durch Kojak war ich großer NYC-Fan, dann kam 9/11...

Kojak's BADASS Moments From Season 1 | Kojak

YOUTUBE.COM

Kojak's BADASS Moments From Season 1 | Kojak

Who loves ya, baby? Kojak series was a big hit in the '70s and starred Telly Savalas in the titular rol

Inspiriert vom Video Moments In Love (The Art of Noise, The Original-Song)

FREE AS A BIRD (The Beatles)
FREE BIRD (Lynyrd Skynyrd)
FREIHEIT
I'm FREE (The Who)
Free me (Uriah Heep)
Free me (Roger Daltrey)
See Me Free (Sweet)
FREE YOUR MIND (En Vogue)
Freiheit (Wacken begrn)
FREE FALLIN' (Tom Petty)
CP 3.8.23

FREIHEIT!!

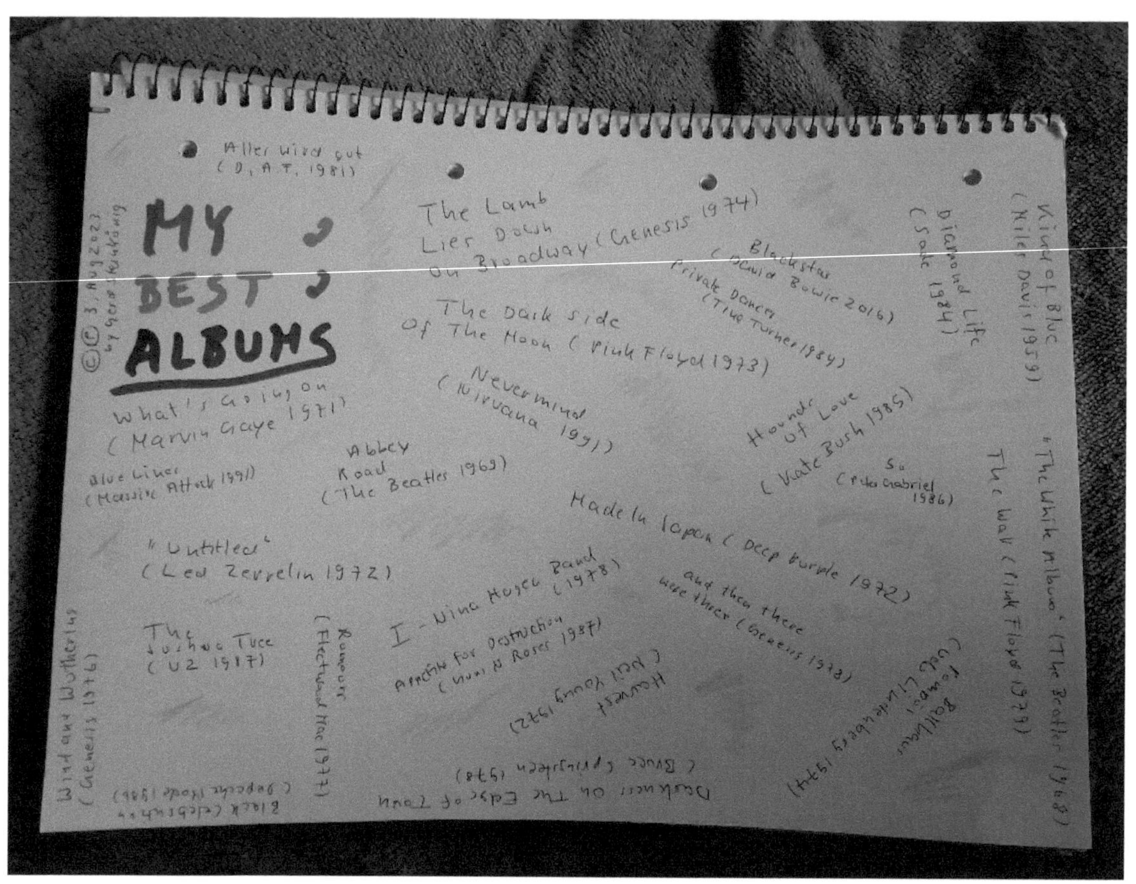

MY BEST ALBUMS Zeichencollage (3. August 2023)! #facebook #magicmirror1959
#magicmirror1959art #magicmirror1959musik (3 Instagram Accounts) #zeitensammler
#BoD

Aus der Zeichencollage "My Best Albums! Aus der LP "Alles wird gut" (D.A.F.)... War Anfang
der 1980ern vom "Flash" in KL: "Tanzstunde" 10 Minuten mit TNT (AC/DC), Fan Fan
Fanatisch (Rheingold) und eben Der Mussolini...

DAF Der Mussolini

YOUTUBE.COM

DAF Der Mussolini

Gerd Steinkoenig

22. Juli um 21:03 ·

Mit Deine Freunde geteilt

Ausschnitte aus meinen ISBN-Büchern Januar 2017 bis Juli 2023 #zeitensammler #instagram #facebook #twitter #TARDIS #gerdsteinkoenig

MEIN JAHR 1973...

ROCK MAGAZIN
Art • Progressive • Psychedelic • Blues • Classic • Hard Rock
1973 • MICK JAGGER 80! • SWANS
THE ANALOGUES • GOV'T MULE
Nachruf: TINA TURNER • ELOY
eclipsed
www.eclipsed.de
mit CD!
SONGPERLEN
1973!
SONGPERLEN 1973
NEKTAR · GREENSLADE
WALLENSTEIN · MAGMA
ALVIN LEE & MYLON LEFEVRE
JADE WARRIOR · MESSAGE
Das 24-Seiten-Special
Alles ist möglich!
Von Prog-Königen, Southern-Rockern und neuen Pop-Impulsgebern
1973
DAS VIELFÄLTIGSTE
ROCKJAHR ÜBERHAUPT?
Extra viele Albentipps und weitere Specials!
LIVE
Peter Gabriel
The Flower Kings
Jeff Beck Tribute feat.
Eric Clapton & Friends
Scorpions, Freak Valley
Desert Fest Berlin
u.v.m.
nektar
remember the future
INKL.
TOP 50
ALBEN
1973
MAGMA
M.D.K.
NR. 252
Plus NICK DRAKE STEVE LUKATHER YUSUF/CAT STEVENS
ANNEKE VAN GIERSBERGEN performs KATE BUSH

„Tubular Bells" mauserte sich zum Millionenseller; Oldfield, eben noch ein sandalentragender Dutzendhippie, wird zum gefeierten Star und Virgin bis auf weiteres zu einer der hipsten Firmen der Popszene.

veröffentlicht mit „Tubular Bells" Mike Oldfields Debüt – ein bemerkenswerter Startschuss: Bald zählen der junge Musiker und sein Labelchef zu den Big Playern, die Platte mausert sich nach einer gewissen Anlaufzeit und dank der Verwendung ihrer Anfangssequenz im Kinohit „Der Exorzist" zum Millionenseller; Oldfield, eben noch ein sandalentragender Dutzendhippie, wird zum gefeierten Star und Virgin bis auf weiteres zu einer der hipsten Firmen der Popszene.

Showbiz, baby!

Es ist die Zeit, als Rock in all seinen Schattierungen den Pop-Mainstream erobert hat. Ein Blick in die Charts jenes Frühlings genügt, dort tauchen Namen auf wie Pink Floyd, Yes, Status

ALICE COOPER
Billion Dollar Babies
TOP ALBEN 1973

Die Alice Cooper Group auf ihrem kommerziellen Höhepunkt. Nummer 1 in Großbritannien und den USA, aber Top 10 nicht nur in Deutschland. Das Album „Billion Dollar Babies" und seine Single-Hits sorgten dafür, dass die Band 1973

PINK FLOYD
The Dark Side Of The Moon
TOP ALBEN 1973

„The Dark Side Of The Moon" ist das ...nische Album der Rockgeschichte. Hier ...Pink Floyd alles zusammen. Das Quartett ...lange eingeschlagen gewesen vom Weggang ...Visionärs Syd Barrett, doch letztlich ...David Gilmour viel mehr als dieser der ...einzigartigen bluesigen Gitarrenstem-... Kompositorisch lieferte gerade auch ...Rick Wright hier Meisterliches ab, und ...Waters wurde erst jetzt zur treibenden ...dem Konzept über die Dinge in der... den Menschen als vergängliches Wesen... den Rahmen setzte, in dem... Wright und Drummer Nick Mason

Mai

1.5.: In Großbritannien gibt es einen großen eintägigen Streik. Etwa 1,6 Millionen Arbeiter protestieren damit gegen die Anti-Inflationspolitik der britischen Regierung.
6.5.: Mit „Mekanïk Destruktïw Kommandöh" legen Magma das wichtigste Zeuhl-Album aller Zeiten vor.
11.5.: Die britischen Space-Rocker Hawkwind unterstreichen ihre Live-Qualitäten mit dem Doppelalbum „Space Ritual", das im Dezember 1972 in Liverpool und London aufgezeichnet wurde. In Großbritannien entern sie damit sogar die Top 10 der LP-Charts.
18.5.–22.5.: Der sowjetische Parteichef Leonid Breschnew besucht erstmals die BRD.
23.5.: Der FC Liverpool holt sich den UEFA-Pokal und setzt sich in den beiden Finalspielen (3:0, 0:2) gegen Borussia Mönchengladbach durch.
25.5.: Süßer die Glocken nie klingen – jedenfalls, wenn man Mike Oldfields Debütalbum „Tubular Bells", das an diesem Tag erscheint, als Maßstab nimmt.
+++ Die britischen Psychedelic-Progger Gong präsentieren sich auf der LP „Flying Teapot" voll motiviert – bereits sechs Monate später bringen sie den Nachfolger „Angel's Egg" (VÖ: 7.12.) heraus.

Juni

1.6.: Der Diktator Georgios Papadopoulos ruft in Griechenland die Republik aus.
9.6.: Der FC Bayern München wird zum dritten Mal Deutscher Fußballmeister. Wie schon 1968/69 konnten die Bayern den Tabellen-Spitzenplatz vom ersten bis zum letzten Spieltag halten.

DAS JAHR 1973
Pink Floyds Weg lässt sich seit Syd Barretts Abgang als eine beständige Suche nach eben jener künstlerischen Stimme verstehen, die hier und jetzt zum ersten Mal in ihrer endgültigen Ausprägung zu hören ist – Pink Floyd sind jetzt Pink Floyd.

Pink Floyd veröffentlichen am 1. März ihr achtes Studioalbum, „The Dark Side Of The Moon". Es wird sie zu Superstars machen und so lange in den Charts bleiben wie keine Platte davor und danach. Der Erfolg kommt nicht von ungefähr. Pink Floyds Weg lässt sich seit Syd Barretts Abgang im Jahr 1968 bis in jenen Frühling 1973 hinein als eine beständige Suche nach eben jener künstlerischen Stimme verstehen, die hier und jetzt zum ersten Mal in ihrer endgültigen Ausprägung zu hören ist – Pink Floyd sind jetzt Pink Floyd. Der perfekt ausformulierte Artrock von „The Dark Side Of The Moon" bezieht seine Faszination nicht nur aus der durchdachten künstlerischen Architektur, dem organischen Wechsel zwischen Klangexperiment und massentauglicher Melodie sowie der lyrischen

„Tales From Topographic Oceans" ist, im Gegensatz zum grandios-vitalen Live-Mitschnitt „Yessongs", nicht die Spur mehr Rock'n'Roll, sondern eine sich selbst genügende Kunstmusik, die auf die Kommunikation mit dem Zuhörer verzichtet.

Umsetzung des universellen Themas menschlicher Entfremdung. Ebenso brilliert das Album mit phantastischer Produktion und atemberaubender Tonqualität – was da aus den Boxen perlt, schwellt donnert und jubiliert, ist schlicht ohne Beispiel.

Next in line: Das fünfte Studioalbum von Genesis. Am 13. Oktober kommt „Selling England By The Pound" auf den Markt, und ähnlich wie bei Pink Floyd lässt sich auch hier sagen: Der lange Weg seit den Anfängen in einem ländlichen Internat der englischen Grafschaft Surrey ist vollendet. Peter Gabriel und seine Crew haben einen eigenständigen Stil entwickelt, der, genährt von Beatles-Harmonien, schwerblütigen Mellotron-Akkorden und romantischer Märchenlyrik, einzigartig in der musikalischen Landschaft dasteht und nun auch Gehör findet. Danach allerdings wird die Band im Grunde eine andere werden: Gabriel nutzt sein kreativer Kopf und Frontmann für das Album „The Lamb...

GENESIS
Selling England By The Pound

TOP ALBEN 1973

Schon mit „Foxtrot" und dem Konzert-album „Genesis Live" hatten Peter Gabriel & Co einen blendenden Eindruck... Mit „Selling England By The Pound" legen die Genre... einen hohen Standard und... englisches Album vor. Das fing... auf den politischen und... auf Englands anspielt, und... Tozzen fort. So nimmt der... „Dancing With The Moonlit Knight" auf...

Juli:

1.7.: Aufgrund von großen Turbulenzen erklärt Chiles Regierung den Ausnahmezustand.

3.–7.7.: In Helsinki findet die Konferenz über Sicherheit und Zusammenarbeit in Europa (KSZE) statt.

21.7.: Frankreich startet auf dem Mururoa-Atoll eine weitere Atomwaffen-Versuchsreihe. +++ Im norwegischen Lillehammer ermordet eine Spezialtruppe des israelischen Geheimdienstes Mossad versehentlich einen Kellner, da sie ihn für der Olympia-Attentäter von... ten hat. Die missglückte Aktion als „Lillehammer-Affäre"...

26.7.: Texas-Bluesrock... tion bieten ZZ Top auf ih...

...weiteres Erfolg... Robert Fripp & Brian Eno experimentieren auf ihrer ersten gemeinsamen Platte „(No Pussyfooting)" mit Tape-Delays und Frippertronics. Ein früher Vorläufer des Ambient-Genres. +++ In Sydney wird die Hardrock-Band AC/DC gegründet. Der erste Live-Auftritt ist am Silvesterabend 1973.

Dezember:

3.12.: Die amerikanische Raumsonde „Pioneer 10" sendet die ersten Nahaufnahmen vom Planeten Jupiter an die Erde.

6.12.: Ein voller Erfolg wird der Auftritt von Außenminister Walter Scheel in der ZDF-Sendung „Drei mal Neun". Zusammen mit dem Männergesangsverein Düsseldorf singt er das Volkslied „Hoch auf dem gelben Wagen", mit dem er kurz darauf einen Single-Hit landet. +++ Robin Hardys Film „The Wicker Man" kommt in die Kinos und begründet ein neues, vor allem heute sehr populäres Subgenre, den „Folk Horror".

7.12.: Mit dem verkopften Doppelalbum „Tales From Topographic Oceans" spalten Yes ihre Fangemeinde. Keyboarder Rick Wakeman

Massenmarkt aufzuhübschen. Mit Erfolg, das Fusion-Genre verkauft sich vor allem bei einer informierten Akademikerklientel. Selbst Latino-Rocker Carlos Santana versucht sich zusammen mit John McLaughlins Mahavishnu Orchestra im Jazzfach („Love Devotion Surrender").

Der Hamburger Kiezrocker Udo Lindenberg hat endlich seinen speziellen Schnodderdreh raus: Zu Weihnachten 1973 bringt er das erste rundum gelungene Deutschrockalbum „Alles klar auf der Andrea Doria" heraus. Die Sache hat Zukunft.

Und sogar westdeutsche Jazzer wie Klaus Doldinger mit Passport und der Gitarrist Volker Kriegel finden mit ihren Ideen ein erstaunlich großes Publikum. Ansonsten aber döst die Republik mit Cindy und Bert und „Immer wieder

10 FOTOS AUS ANNWEILER AM TRIFELS, LANDAU IN DER PFALZ (SOMMER 2023)

Zentrum-Altstadt
Burg Trifels
Trifelsba

U 9
Germersheim
LD-Mörlheim
LD-Queichheim
Speyer
LA OLA
ZOB
Polizei